Leserabe

1. Lesestufe

Katja Reider

Polizeihund Bolle im Einsatz

Mit Bildern von Daniel Sohr

Mildenberger Verlag
Ravensburger

MIX
Papier | Fördert gute Waldnutzung
FSC® C111262

3 5 7 6 4

Ravensburger Leserabe

Mildenberger Verlag GmbH, Postfach 20 20, 77610 Offenburg
und Ravensburger Verlag GmbH, Postfach 24 60, 88194 Ravensburg
Umschlagbild: Daniel Sohr
Konzeption Leserätsel: Dr. Birgitta Reddig-Korn

Printed in Germany
ISBN 978-3-619-14601-7
(für die gebundene Ausgabe im Mildenberger Verlag)
ISBN 978-3-473-46035-9
(für die broschierte Ausgabe im Ravensburger Verlag)

www.mildenberger-verlag.de
ravensburger.com/service
www.leserabe.de

Inhalt

Notruf 6

Ein wichtiger Fund 14

Dem Täter auf der Spur 23

Überraschende Wende 31

Notruf

Ben und Bolle sind auf Streife,
wie jeden Tag.
Bolle ist nämlich ein echter Polizeihund:
top ausgebildet, klug und schnell.
Und Bens bester Freund!

Gerade meldet sich die Zentrale:
„Achtung! Notruf aus der Helmstraße 8!
Goldschmiede Klunker!“
Schon greift Ben zum Funkgerät.
„Wir übernehmen!“, ruft er.
„Komm, Bolle!“

Schwups, sitzen die zwei
im Streifenwagen.
Mit Blaulicht und Sirene düsen sie los.
Ah, da vorn ist es!
Bolle springt aus dem Wagen.
Er schnüffelt neugierig.
Aber er bleibt an Bens Seite.

Von außen wirkt alles ruhig!
Ben drückt die Ladentür auf.
Seltsam. Keiner da!
Von wegen!
Bolle hat längst gemerkt,
dass sie nicht allein sind.

Er kratzt an der Tür zur Werkstatt.
Jetzt hört auch Ben
die Geräusche dahinter.
Schnell öffnet er die Tür.
Oje, da sitzt der arme Goldschmied!
Gefesselt und geknebelt!

Kaum hat Ben ihn befreit,
sprudelt Herr Klunker los:
„Der Räuber hat kein Wort gesagt!
Nur mit der Pistole gedroht
und mich hier eingesperrt!
Zum Glück konnte ich
den Notruf drücken!
Mit meiner Nase!“

Rasch informiert Ben die Zentrale.
Dann fragt er:
„Wie sah der Räuber aus?“
Herr Klunker überlegt.
„Eher klein und total vermummt.
Mit Jacke, Mütze
und Schweinchen-Maske!“
Ben staunt:
Ein Räuber mit Faschings-Maske ...

Draußen hört man jetzt Sirenen.
Ah, Bens Kollegen kommen!
Und eine Notärztin.

Ein wichtiger Fund

Plötzlich bellt Bolle auffordernd.
Ben versteht:
„Was willst du mir zeigen, Bolle?“

Oh, da liegt ja ein Taschentuch!
Das könnte wichtig sein.

„Gut gemacht, Bolle!“, lobt Ben.
Er knipst ein Foto
und packt das Tuch in eine Tüte.
Für die Spurensicherung.

Oje, da kommen die ersten Neugierigen!
Ben sperrt den Tatort
mit Streifenband ab.
Die Spurensicherung beginnt ihre Arbeit.
Lea Klein vom Raubdezernat
befragt den Goldschmied.

„Eigentlich hat Herr Klunker mittags zu“,
berichtet sie Ben später.
„Aber heute wollte ihm eine Kundin
eine sehr wertvolle Kette bringen.
Zur Reparatur.
Ausgerechnet die wurde gestohlen!
Sonst nur Kleinkram.“

„Als die Kundin weg war,
hat Klunker Staub gesaugt“,
fährt die Kommissarin fort.

„Also hat erst danach jemand das Taschentuch verloren!“, ruft Ben aus. „Klunker selbst, ein Kunde oder der Täter!“

Lea Klein nickt.
„Klunker selbst benutzt
andere Taschentücher.
Und nach der Dame
mit der Kette
waren nur zwei Personen im Laden:
ein Kunde und ein Paketbote."

„Hmm, einer der beiden
könnte erst die Lage gepeilt haben,
um dann maskiert zurückzukommen“,
überlegt Ben.

Er pfeift nach Bolle.
„Komm, Partner!
Wir schauen uns mal um.
Vielleicht ist der Paketbote
noch in der Nähe!“

Dem Täter auf der Spur

Ben und Bolle durchkämmen das Viertel.
Und tatsächlich:
Da vorn fährt ein Paket-Transporter!
Ben schaltet das Blaulicht ein
und gibt Gas.

Nanu, beschleunigt
der Transporter auch?
Nein, jetzt lässt er sich überholen.
Ben hält die Kelle aus dem Fenster.
Das heißt: Stopp!
Beide Autos halten.

Ben zückt seinen Ausweis:
„Polizeihauptmeister Kühne“,
stellt er sich vor.
Der Bote sieht erschrocken aus.
„Haben Sie eben
den Goldschmied Klunker beliefert?“,
fragt Ben.

Der Bote nickt.
Aber Ben hat bereits erkannt,
dass er nicht als Täter
infrage kommt.
Der Mann ist ein Riese!
Das passt nicht zur Täterbeschreibung.

Da meldet sich Lea Klein:
„Herrn Klunker ist eingefallen,
dass er den Kunden von vorhin
schon mal gesehen hat.
Im Café Engel!“
Ben und Bolle machen sich auf den Weg.

Tatsächlich:
Herr Engel war der Mittags-Kunde!
Aber er hat ein Alibi:
Frau Engel gesteht Ben verlegen,
dass sie ihrem Mann gefolgt ist.
Weil er so geheimnisvoll getan hatte.

„Dabei wollte er nur
einen Ring für sie aussuchen“,
gibt Ben Lea Klein durch.
„Taschentücher mit blauem Rand
benutzt er übrigens auch nicht.“

Die Kommissarin seufzt.
„Also suchen wir
den großen Unbekannten!“
Ben nickt trübe.
Er hätte den Täter auch gern gestellt!
Sogar Bolle lässt den Schwanz hängen.

Überraschende Wende

Zum Glück ist fast Feierabend.
Ben muss nur noch zu Frau Prunk.
Die Polizei braucht ein Foto
ihrer gestohlenen Kette.

„Haben Sie schon eine Spur?“, fragt Frau Prunk.
Ben schüttelt den Kopf. „Leider nicht!“

Nanu, Bolle ist ja so unruhig!
Er schnüffelt in allen Ecken.

Oje, jetzt reißt er sogar
Frau Prunks Tasche herunter!
Alles kullert heraus:
Geldbörse, Puder, Schlüssel, ...
und Taschentücher mit blauem Rand!
Na so was!

„Halten Sie doch den Hund fest!“,
ruft Frau Prunk wütend.
Aber Bolle ist nicht zu bremsen.
Ben rennt hinter ihm her
in den Flur.
Plötzlich stutzt er.

Ben geht einen Schritt zurück.
Da! Das Foto an der Pinnwand:

Gäste auf einer Faschingsparty:
Ein Teufel, eine Nixe und ...
ein Schweinchen!

Ben fährt herum.

„SIE waren das!“, ruft er.

„Sie haben Ihre eigene Kette geraubt!

Damit Ihnen die Versicherung

den Wert der Kette ersetzt.

Sie wollten das Geld UND die Kette!“

„D-d-das k-können Sie nicht beweisen!“, stammelt Frau Prunk.

Irrtum!

Da kommt Bolle angetrabt!

Mit der Mütze im Maul ...

Ben zeigt auf die Taschentücher.
„So eins haben Sie
bei dem Überfall verloren!
Daran werden wir Ihre Spuren finden.
Das reicht!“

„Gratuliere!“,
sagt Lea Klein später lächelnd.
„Ihr zwei habt den Fall gelöst!
Wie wäre es Ben?
Willst du nicht bei mir
im Raubdezernat arbeiten?“

„Hmm“, schmunzelt Ben.
„Da muss ich erst den Chef fragen.“
Chef?
Wen denn?

Na, Bolle natürlich!

Leserabe

Leserätsel

Rätsel 1

Seltsam, seltsam

Welches Wort stimmt? Kreuze an!

Wie jeden Tag sind Ben und Bolle auf
- ○ Streife.
- ○ Spaziergang.
- ○ Safari.

Sie düsen los mit Blaulicht und
- ○ Singen.
- ○ Sachen.
- ○ Sirene.

Bolle kratzt an der Tür zur
- ○ Wohnung.
- ○ Werkstatt.
- ○ Wüste.

Rätsel 2

Zahlen, Zahlen

Findest du die richtige Seite? Trage die Zahl ein!

Auf Seite ____ steht ein Mal **Streifenband**.

Auf Seite ____ steht ein Mal **Stopp**.

Auf Seite ____ steht ein Mal **Alibi**.

Kreuz und quer

Rätsel 3

Fülle die Kästchen aus!
Schreibe Großbuchstaben:
Elfe → ELFE

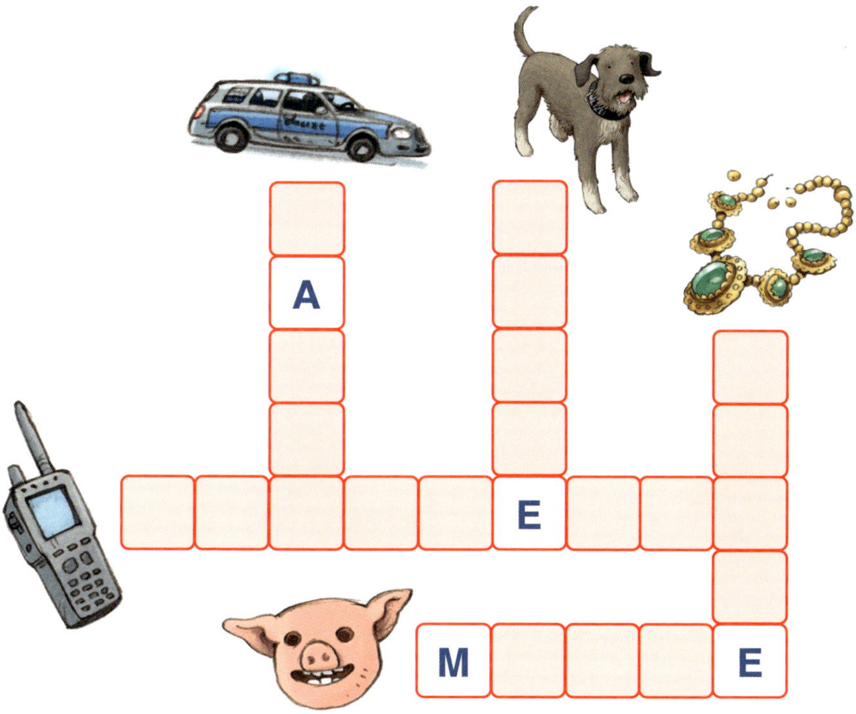

Lösungen
Rätsel 1: Streife, Sirene, Werkstatt
Rätsel 2: 16, 24, 28
Rätsel 3: Funkgerät, Kette, Maske, Wagen, Bolle

Leserabe

Rabenpost

Rätsel 4

Rätsel für die Rabenpost

Fülle die Lücken aus. Trage die Buchstaben in die richtigen Kästchen ein. So findest du das Lösungswort für die Rabenpost heraus!

Herr Klunker konnte den Notruf mit seiner

_	_	S	_ (1)

drücken. (Seite 11)

Ben knipst ein

_	_	_ (3)	O

. (Seite 15)

Als die Kundin weg war, hat Herr Klunker

S	T	_ (5)	_	_

gesaugt. (Seite 18)

Ben hält die

_	E	_ (6)	_	E

aus dem Fenster. (Seite 24)

Herr Engel wollte für seine Frau einen

_ (4)	I	_ (2)	_

aussuchen. (Seite 29)

Lösungswort

Z	_ (1)	_ (2)	_ (3)	_ (4)	_ (5)	_ (6)	E

Hast du das Lösungswort herausgefunden?
Dann kannst du jetzt tolle Preise gewinnen.

Gib das Lösungswort auf der Leserabe-Website www.leserabe.de ein oder schicke es mit der Post an folgende Adresse:

An den Leseraben
Rabenpost
Postfach 2007
88190 Ravensburg
Deutschland

Lösungswort

An
den LESERABEN
RABENPOST
Postfach 2007
88190 Ravensburg
Deutschland

* Wir verwenden die Daten der Einsender nur für das Gewinnspiel und nicht für weitere Zwecke.
Alle weiteren Informationen zum Datenschutz und über unser Gewinnspiel findet ihr unter **www.leserabe.de.**

Leichter lesen lernen mit der Silbenmethode

Durch die Kennzeichnung der einzelnen Silben in Rot und Blau lernen Kinder leichter lesen. Das gelingt so:

- Die einzelnen Wörter werden in Buchstabengruppen aufgeteilt. Diese kleinen Gruppen sind leichter zu erfassen als das ganze Wort.
- Die Buchstabengruppen sind ganz besondere Einheiten: Sie zeigen die **Sprech-Silben** an, den Schlüssel, um ein Wort richtig lesen und verstehen zu können.

Zum Beispiel können bei dem Wort „Giraffe“ auch die ersten drei Buchstaben „Gir“ als Gruppe gelesen werden: Gir - af - fe. Das könnte dann der Name einer besonderen Affenart sein.

Mit den farbigen Silben dagegen werden sofort die richtigen Buchstabengruppen erkannt: **Giraffe**. Beim Lesen ergibt sich automatisch der richtige Sinn: Es ist das Tier mit dem langen Hals gemeint.

Dadurch lesen alle Leseanfänger leichter und besser – und auch die nicht so starken Leser können schneller Erfolge erzielen.

Die farbigen Silben helfen aber nicht nur beim Lesen, sondern auch bei der **Rechtschreibung**. Der Leseanfänger nimmt von Anfang an die Silbengliederung der Wörter wahr – und kann so die richtige Schreibweise ableiten.

Die original Mildenberger Silbenmethode wird seit über einem Jahrzehnt an vielen Grundschulen unterrichtet und führt bei Kindern nachweislich zu schnellerem Leseerfolg.

Weitere Informationen zur Silbenmethode auf:
www.silbenmethode.de